MASTER BBQ-SÅSER: EN SMAKRIK GUIDE TILL HEMGJORDA KRYDDOR

Från klassiska Tangy Delights till exotiska globala infusioner

Berit Bergström

upphovsrätt Material©2023

Allt Rättigheter Reserverad
Nej del av detta bok Maj be Begagnade eller överförs i några form eller stad några betyder utan de rätt skriven samtycke av _ förlag anda upphovsrätt ägare, utom för kort citat Begagnade i a recension. Detta bok skall notera be anses vara a ersättning för medicinska, juridiska eller Övrig pr av essional råd.

INNEHÅLLSFÖRTECKNING

INNEHÅLLSFÖRTECKNING..3
INTRODUKTION...7
BBQ-SÅS...8
1. Asiatisk barbecuesås..9
2. B BQ S vet&sur sås..11
3. Aprikos grillsås bas..13
4. Äppelbarbecuesås..15
5. Cajun svampsås...17
6. Gyllene grillsås..19
7. Teriyaki grillsås...21
8. Barbecuesås för alla ändamål....................................23
9. Äppelsmör barbecuesås...25
10. Grillsås till fisk...27
11. Barbecuesås till kyckling...29
12. Grillsås till korv...31
13. Grillsås till fläsk...33
14. Barbecuesås för rökare..35
15. Söt grillsås...37
16. Tjock & robust barbecuesås....................................39
17. Jalapeno Mayo Grillsås...41
18. Allamerikansk BBQ-sås..43
19. Äppel BBQ-sås..45
20. BBQ moppsås..47
21. BBQ-sås med öl...49
22. Bombay Blend BBQ-sås...51
23. Cajun BBQ-sås..53
24. Kalifornien BBQ-sås...55
25. Cranberry Glaze BBQ-sås......................................57
26. Galliano BBQ-sås..59
27. Jack Daniels BBQ-sås...61
28. Jamaicansk BBQ-sås...63
29. Kansas City-stil BBQ-sås..65

30. Koreansk BBQ-sås 67
HET BBQ-SÅS 69
31. Varm BBQ- sås 70
32. Varm Georgia BBQ- sås 72
33. Varm kryddig Texas BBQ- sås 74
34. Söt Habanero BBQ-sås 76
35. Varm lönn grillsås 78
36. Red Hot Grillsås 80
37. Tabasco Island grillsås 82
38. Habanero, tomatillo & apelsinsalsa 84
39. Yucatan habanero sås 86
40. Mango-habanero sås 89
41. Persika & plommon habanero salsa 91
42. Vin-Habanero sås 93
43. Rom habanero sås 95
44. Tabasco peppar smörsås 97
45. Rökig Sriracha varm sås 99
46. Varmrökt senapssås 101
BBQ GLASUR 103
47. BBQ-såsglasyr 104
48. Ananas chutney glasyr 106
49. Honungssenapsglasyr 108
50. Spicy Chipotle Glaze 110
51. Lönn-Bourbon glasyr 112
52. Ananas Teriyaki Glaze 114
53. Sweet and Tangy BBQ Glaze 116
54. Smoky Maple Glaze 118
55. Brunt socker och senapsglasyr 120
56. Asiatisk sesamglasyr 122
57. Hallon Chipotle glasyr 124
BBQ BRINES 126
58. Achiotelake & barbecuesås 127
59. Teriyaki saltlake&sås 129
60. Ananas-sojalake för revbensspjäll 131
61. Rödbönor ostlake 133

62. Brisket saltlake..135
63. Ryck saltlake..137
64. Alaskan skaldjurslake..139
65. Ancho chile och apelsin saltlake..................................141
66. Bourbon saltlake...144
67. Tranbärslake för fläsk..146
68. Krabbklo saltlake..148
69. Fajita saltlake..150
70. Koreansk sesamsaltlösning..152
71. Citronrosmarinslak..154
72. Margarita saltlake..156
BBQ SALSA..158
73. Grillad persikosalsa...159
74. Persika och lök salsa..161
75. Grillad chilesalsa..163
76. Ancho chilesalsa...165
77. Aprikosstekt pepparsalsa..167
78. Arbol avokado salsa...169
79. Koriander salsa..171
80. Clear creek picante salsa...173
81. Italiensk salsa...176
82. Jalapeno salsa...179
BBQ CHUTNEY..181
83. Fruktgrill chutney..182
84. Sötsyrlig papayachutney...184
85. Varm chutney...186
86. Äppel- och katrinplommonchutney...........................188
87. Carambola chutney..190
88. Kusin ledas bananchutney..192
89. Tranbärsfikonchutney...194
90. Dadlar & apelsinchutney...196
91. Färsk ananaschutney...198
92. Habanero äppelchutney..200
93. Lime chutney..202
94. Lime-äppelchutney..204

95. Nektarin chutney 206
96. Lökchutney 208
97. Snabb persikochutney 210
98. Rabarberchutney 212
99. Rökt äppelchutney 214
100. Zucchini chutney 216
SLUTSATS 218

INTRODUKTION

Välkommen till "MASTER BBQ-SÅSER:EN SMAKRIK GUIDE TILL HEMGJORDA KRYDDOR" Den här kokboken är din inkörsport till att skapa aptitretande, hemlagade BBQ-såser som lyfter dina grillrätter till nya höjder. Oavsett om du är en erfaren pitmaster eller en passionerad husmanskock, kommer denna samling av recept att hjälpa dig att bemästra konsten att skapa läckra och unika BBQ-såser.

I den här kokboken kommer vi att utforska ett brett utbud av smaker, från tidlösa syrliga klassiker till exotiska och globalt inspirerade skapelser. Du kommer att lära dig hemligheterna bakom den perfekta balansen mellan söta, rökiga, kryddiga och salta element som gör varje BBQ-sås till en riktig kulinarisk njutning. Med lätta att följa instruktioner och tillgängliga ingredienser kommer du att kunna skapa dina egna signatursåser som kommer att imponera på din familj och vänner.

Så, ta ditt förkläde, samla dina ingredienser och gör dig redo att ge dig ut på ett smakrikt äventyr när vi dyker in i en värld av BBQ-såser. Från grillsessioner på bakgården till speciella tillfällen, dessa såser tar dina rätter till nästa nivå och får alla att vilja ha mer.

BBQ-SÅS

1. Asiatisk barbecuesås

INGREDIENSER:

- 2 matskedar Farinsocker
- 2 msk rödvinsvinäger
- 1 kopp ketchup
- ½ till 1 tsk kinesisk varm senap
- 1 stor vitlöksklyfta, finhackad
- 1 msk sojasås
- 1 Två 3 tsk asiatisk chilipasta med vitlök

INSTRUKTIONER:

Blanda alla ingredienser utom chilipasta i en liten kastrull. Koka upp och stäng sedan av värmen. Rör ner chilipasta.
Att använda: Pensla på kyckling, nötkött eller fläsk under grillning.

2. BBQ Svet&sur sås

INGREDIENSER:
- $\frac{1}{4}$ kopp grädd sherry
- 3 matskedar honung
- ⅓ kopp sojasås
- $\frac{1}{2}$ tesked Färsk ingefärarot; riven
- 2 Vitlök; pressad
- 3 matskedar vinäger

INSTRUKTIONER:
Blanda honung i sherry tills den är slät, tillsätt sojasås Pressa vitlök och tillsätt blandningen Riv ingefära och rör om.

3.Aprikos grillsås bas

INGREDIENSER:

- 16 uns aprikoshalvor
- ½ kopp Hackad lök
- 2 vitlöksklyftor; fint tärnade
- ½ matsked vegetabilisk olja
- ½ tsk salt
- ¼ tesked peppar

INSTRUKTIONER:

För att göra grillsåsbasen, puré aprikoshalvor med vätskan i en mixer eller matberedare; reservera,
Fräs lök och vitlök i olja tills det blir genomskinligt,
Rör i reserverad aprikospuré.

4.Äppelbarbecuesås

INGREDIENSER:

- 1 kopp Catsup
- ¼ kopp äppeljuice/cider
- ¼ kopp äppelcidervinäger
- ¼ kopp sojasås
- ¾ tesked vitlökspulver
- ¾ tesked vitpeppar
- ⅓ kopp Rivet, skalat äpple
- ¼ kopp riven lök
- 2 tsk riven grön paprika

INSTRUKTIONER:

Blanda alla ingredienser.

5. Cajun svampsås

INGREDIENSER:
- 3 matskedar smör
- 1½ koppar svamp, tunt segmenterade
- 2 matskedar Mjöl
- ½ kopp grädde
- ½ kopp kycklingbuljong
- ¼ tesked vitlökspulver
- ¼ tesked vitpeppar
- ½ kopp Picantesås
- 2 msk svärtad fiskkrydda

INSTRUKTIONER:
Smält smör i en panna och stek svampen, ställ åt sidan .
Smält två msk smör i en måttlig kastrull och rör ner mjölet tills det lösts upp
Tillsätt kycklingfond, grädde, vitlök och peppar, koka hela tiden tills såsen tjocknar, får inte koka.
När den tjocknat minskar värmen, täck med lock och koka ytterligare 2 minuter
Tillsätt picantesås, svärtande krydda och stekt svamp, värm igenom . Håll värmen tills den ska serveras
Servera över grillad eller grillad fisk

6. Gyllene grillsås

INGREDIENSER:
- ¼ kopp socker
- 2 msk majsstärkelse
- ½ tsk kryddpeppar
- ½ tesked mald kryddnejlika
- 1 kopp färsk apelsinjuice
- 2 matskedar vinäger
- 4 matskedar smör

INSTRUKTIONER:

Blanda socker, majsstärkelse, kryddpeppar och kryddnejlika i en liten kastrull.

Rör långsamt i apelsinjuice och vinäger. Rör hela tiden på måttlig värme tills såsen tjocknar. Koka i tre minuter. Rör i smör.

7. Teriyaki grillsås

INGREDIENSER:
- ⅔ kopp sojasås
- 1 tsk vitlök, finhackad
- 2 msk Torr, mald senap
- 2 tsk mald ingefära
- 2 matskedar lök, hackad
- 4 matskedar melass
- ⅓ kopp olivolja

INSTRUKTIONER:
Lägg sojan i en liten form, vispa ner mald senap, ingefära, vitlök och lök.
Tillsätt melass och rör om väl. Tillsätt slutligen olivolja, blanda väl och lägg omedelbart en del i botten av en marineringspanna. Tillsätt kött. Täck med lock med resterande saltlake.

8. Barbecuesås för alla ändamål

INGREDIENSER:
- ¼ kopp salladsolja
- 2 msk sojasås
- ¼ kopp bourbon, sherry eller vin
- 1 tsk vitlökspulver
- Nymalen peppar

INSTRUKTIONER:
Blanda alla ingredienser och häll över kött Marinera i kylskåp Använd även för att tråckla kött när du tillagar det Gott på rött kött, fisk eller kyckling.

9. Äppelsmör barbecuesås

INGREDIENSER:
- 1 burk tomatsås
- ½ kopp äppelsmör
- 1 msk Worcestershiresås

INSTRUKTIONER:
Blanda allt.

10. Grillsås till fisk

INGREDIENSER:

- 1 tjockt citronsegment
- 1 lök; segmenterad
- ¼ kopp vit vinäger
- 1½ tsk salt
- 1 msk färdig senap
- ¼ tesked peppar
- 2 matskedar socker
- ¼ tesked Cayennepeppar (röd).
- 2 msk smör
- ½ kopp Catsup
- 2 msk Worcestershiresås
- 1 tsk Flytande rök

INSTRUKTIONER:

Blanda de första 9 ingredienserna , låt sjuda i 20 minuter och tillsätt sedan resten. Ta ut citronsegmentet, baste av fisk och grillat.

1. Barbecuesås till kyckling

INGREDIENSER:

- 1 kopp vatten
- ½ kopp olja, sallad
- ½ kopp citronsaft
- 1 tsk varm sås
- 1 tsk salt
- Peppar; två nycklar
- Löksalt; valfritt
- Vitlökssalt; valfritt
- 1 msk Worcestershiresås

INSTRUKTIONER:

Blanda alla ingredienser, koka på måttlig värme tills såsen kokar. Håll såsen varm, pensla på kyckling då och då under grillning.

2. Grillsås till korv

INGREDIENSER:

- 7¾ounce Junior Peach Cobbler; 1 burk
- ⅓ kopp Catsup
- ⅓ kopp vinäger
- ⅓ kopp farinsocker; packad
- 1 st vitlöksklyfta, finhackad
- 1 msk Worcestershiresås
- ½ tesked ingefära; mald
- ¼ tesked Mace; Mald
- 1 tsk Löksalt

INSTRUKTIONER:

a) Blanda alla ingredienser noggrant. Kärna ur korven diagonalt på tre sidor. Grilla med såsen cirka tre gånger medan de tillagas

b) Du kan också använda detta på fläsk eller kyckling eller den upphettade såsen i en skavskål med segmenterade varmkorvar.

3.Grillsås till fläsk

INGREDIENSER:
- ½ kopp sojasås
- ½ kopp lönnsirap
- ¼ kopp Colemans senap

INSTRUKTIONER:
a) Blanda allt.

4. Barbecuesås för rökare

INGREDIENSER:

- 1 varje 10 oz burk tomatsoppa
- $\frac{1}{4}$ kopp söt saltgurka
- 1 msk Worcestershiresås
- $\frac{1}{4}$ kopp lök, fint tärnad
- 1 matsked vinäger
- 1 msk farinsocker

INSTRUKTIONER:

Blanda alla ingredienser och häll över 1 pund smokies och låt sjuda i en vattenkokare. Du kan använda 1 pund varmkorv skuren i bitar istället för smokies

5. Söt grillsås

INGREDIENSER:
- ⅔ kopp majssirap (mörk)
- ¼ kopp krämigt jordnötssmör
- ¼ kopp sojasås
- ¼ kopp cidervinäger
- ¼ kopp Segmenterad salladslök
- 1 st vitlök, kryddnejlika
- 1 tsk ingefära
- ½ tesked Krossad torkad röd paprika

INSTRUKTIONER:

Blanda noggrant och låt smakerna blandas i minst en timme.

6. Tjock & robust barbecuesås

INGREDIENSER:

- ¾ kopp cidervinäger
- ½ kopp Catsup
- ¼ kopp chilisås
- ¼ kopp Worcestershiresås
- 2 matskedar lök; tärnad
- 1 msk farinsocker
- 1 msk citronsaft
- ½ tsk torr senap
- 1 skvätt malen röd paprika
- 1 vitlöksklyfta; finhackad

INSTRUKTIONER:

Blanda alla ingredienser i en kastrull, låt koka upp på måttlig värme, rör om då och då. Sänk värmen och låt sjuda under lock , rör om då och då, 40 minuter.

Dela såsen i separata behållare för tråckling och portion vid bordet. Använd som tråcklingssås under de sista 10 minuterna av tillagningstiden för biff, fläsk eller hamburgare. Kyl eventuell överbliven bordssås och kassera eventuell tråcklingssås.

7.Jalapeno Mayo Grillsås

INGREDIENSER:
- 8 dl majonnäs
- 1 kopp Jalapeno
- 1 kopp salladslök
- 1 msk sellerifrö
- 1 tsk torr senap
- $\frac{1}{8}$ matsked cayennepeppar

INSTRUKTIONER:

Mosa jalapenos och lök i mixer eller matberedare. Lägg blandningen i mixerform. Tillsätt resterande ingredienser och mixa på låg hastighet i 5 minuter.

8. Allamerikansk BBQ-sås

INGREDIENSER:

- 2 koppar ketchup
- 1/2 kopp farinsocker
- 1/4 kopp äppelcidervinäger
- 2 msk Worcestershiresås
- 2 matskedar melass
- 1 msk dijonsenap
- 1 tsk vitlökspulver
- 1 tsk lökpulver
- 1/2 tsk rökt paprika
- 1/2 tsk svartpeppar
- 1/4 tsk cayennepeppar (valfritt för värme)

INSTRUKTIONER:

I en medelstor kastrull, kombinera alla ingredienser.

Vispa ihop på medelvärme tills såsen kokar upp.

Sänk värmen till låg och låt såsen sjuda i ca 15-20 minuter, rör om då och då.

Ta av från värmen och låt den svalna, såsen tjocknar när den svalnar.

Använd såsen som marinad eller pensla den på ditt grillade kött under tillagningen.

9.Äppel BBQ-sås

INGREDIENSER:

- 2 dl äppelmos
- 1/2 kopp ketchup
- 1/4 kopp äppelcidervinäger
- 2 msk farinsocker
- 2 matskedar honung
- 2 msk dijonsenap
- 1 msk Worcestershiresås
- 1 tsk rökt paprika
- 1/2 tsk vitlökspulver
- 1/2 tsk lökpulver
- 1/2 tsk kanel
- 1/4 tsk cayennepeppar (valfritt för värme)

INSTRUKTIONER:

a) I en kastrull, kombinera alla ingredienser och vispa ihop tills det är väl blandat.

b) Sätt kastrullen på medelvärme och låt blandningen koka upp.

c) Sänk värmen till låg och låt såsen sjuda i cirka 15 minuter, rör om då och då.

d) Ta bort från värmen och låt den svalna innan du använder den.

e) Den här såsen passar bra till fläsk och kyckling.

10. BBQ moppsås

INGREDIENSER:

1 kopp äppelcidervinäger
1 kopp vatten
1/2 kopp vegetabilisk olja
1/4 kopp Worcestershiresås
2 msk farinsocker
1 matsked paprika
1 matsked salt
1 msk svartpeppar
1 tsk vitlökspulver
1 tsk lökpulver

INSTRUKTIONER:

I en skål, kombinera alla ingredienser och vispa ihop tills det är väl blandat.

Använd en moppborste eller en tråckelborste för att applicera såsen på ditt kött medan du grillar eller röker.

Fortsätt att moppa såsen på köttet var 30:e minut eller så under tillagningsprocessen för att hålla det fuktigt och ge smak.

1. BBQ-sås med öl

INGREDIENSER:

1 kopp ketchup
1/2 kopp öl (välj din favorittyp)
1/4 kopp äppelcidervinäger
2 msk farinsocker
2 matskedar melass
2 msk dijonsenap
1 msk Worcestershiresås
1 tsk rökt paprika
1/2 tsk vitlökspulver
1/2 tsk lökpulver
1/2 tsk svartpeppar
1/4 tsk cayennepeppar (valfritt för värme)

INSTRUKTIONER:

I en kastrull, kombinera alla ingredienser och vispa ihop tills det är väl blandat.

Sätt kastrullen på medelvärme och låt blandningen koka upp.

Sänk värmen till låg och låt såsen sjuda i cirka 15 minuter, rör om då och då.

Ta bort från värmen och låt den svalna innan du använder den.

Ölet ger djup och fyllighet till såsens smak.

2. Bombay Blend BBQ-sås

INGREDIENSER:

1 kopp ketchup
1/4 kopp farinsocker
1/4 kopp äppelcidervinäger
2 msk Worcestershiresås
1 msk sojasås
1 msk currypulver
1 msk garam masala
1 tsk malen spiskummin
1 tsk mald koriander
1/2 tsk vitlökspulver
1/2 tsk lökpulver
1/4 tsk cayennepeppar (valfritt för värme)

INSTRUKTIONER:

I en kastrull, kombinera alla ingredienser och vispa ihop tills det är väl blandat.

Sätt kastrullen på medelvärme och låt blandningen koka upp.

Sänk värmen till låg och låt såsen sjuda i cirka 15 minuter, rör om då och då.

Ta bort från värmen och låt den svalna innan du använder den.

Denna sås ger en unik indisk-inspirerad twist till dina grillrätter.

3. Cajun BBQ-sås

INGREDIENSER:

1 kopp ketchup
1/4 kopp äppelcidervinäger
2 msk Worcestershiresås
2 msk farinsocker
1 msk dijonsenap
1 msk Cajun-krydda
1 tsk vitlökspulver
1 tsk lökpulver
1/2 tsk svartpeppar
1/4 tsk cayennepeppar (justera efter smak för värme)

INSTRUKTIONER:

I en kastrull, kombinera alla ingredienser och vispa ihop tills det är väl blandat.

Sätt kastrullen på medelvärme och låt blandningen koka upp.

Sänk värmen till låg och låt såsen sjuda i cirka 15 minuter, rör om då och då.

Ta bort från värmen och låt den svalna innan du använder den.

Denna kryddiga och smakrika sås är perfekt för grillat eller rökt kött.

4.Kalifornien BBQ-sås

INGREDIENSER:
1 kopp ketchup
1/4 kopp äppelcidervinäger
2 msk farinsocker
2 matskedar honung
2 msk dijonsenap
1 msk Worcestershiresås
1 tsk vitlökspulver
1 tsk lökpulver
1/2 tsk rökt paprika
1/2 tsk svartpeppar
1/4 tsk cayennepeppar (valfritt för värme)

INSTRUKTIONER:
I en kastrull, kombinera alla ingredienser och vispa ihop tills det är väl blandat.
Sätt kastrullen på medelvärme och låt blandningen koka upp.
Sänk värmen till låg och låt såsen sjuda i cirka 15 minuter, rör om då och då.
Ta bort från värmen och låt den svalna innan du använder den.
Denna sås erbjuder en balans mellan söta och syrliga smaker, perfekt för BBQ i Kalifornien-stil.

5. Cranberry Glaze BBQ-sås

INGREDIENSER:

1 kopp tranbärssås (hela bär eller gelé)
1/2 kopp ketchup
1/4 kopp äppelcidervinäger
2 msk farinsocker
2 matskedar honung
2 msk dijonsenap
1 msk Worcestershiresås
1 tsk vitlökspulver
1/2 tsk lökpulver
1/2 tsk svartpeppar
1/4 tsk cayennepeppar (valfritt för värme)

INSTRUKTIONER:

I en kastrull, kombinera alla ingredienser och vispa ihop tills det är väl blandat.

Sätt kastrullen på medelvärme och låt blandningen koka upp.

Sänk värmen till låg och låt såsen sjuda i cirka 10 minuter, rör om då och då.

Ta bort från värmen och låt den svalna innan du använder den.

Denna syrliga och lite söta sås passar bra med fågel, särskilt kalkon eller kyckling.

6.Galliano BBQ-sås

INGREDIENSER:

1 kopp ketchup
1/4 kopp Gallianolikör
2 msk äppelcidervinäger
2 msk farinsocker
1 msk Worcestershiresås
1 msk dijonsenap
1 tsk vitlökspulver
1 tsk lökpulver
1/2 tsk svartpeppar
1/4 tsk cayennepeppar (valfritt för värme)

INSTRUKTIONER:

I en kastrull, kombinera alla ingredienser och vispa ihop tills det är väl blandat.
Sätt kastrullen på medelvärme och låt blandningen koka upp.
Sänk värmen till låg och låt såsen sjuda i cirka 15 minuter, rör om då och då.
Ta bort från värmen och låt den svalna innan du använder den.
Gallianolikören tillför en unik ört- och anismak till BBQ-såsen.

7.Jack Daniels BBQ-sås

INGREDIENSER:

1 kopp ketchup
1/2 kopp Jack Daniels whisky
1/4 kopp äppelcidervinäger
2 msk farinsocker
2 matskedar melass
2 msk dijonsenap
1 msk Worcestershiresås
1 tsk vitlökspulver
1 tsk lökpulver
1/2 tsk svartpeppar
1/4 tsk cayennepeppar (valfritt för värme)

INSTRUKTIONER:

I en kastrull, kombinera alla ingredienser och vispa ihop tills det är väl blandat.
Sätt kastrullen på medelvärme och låt blandningen koka upp.
Sänk värmen till låg och låt såsen sjuda i cirka 15 minuter, rör om då och då.
Ta bort från värmen och låt den svalna innan du använder den.
Jack Daniel's whisky ger en rik och rökig smak till BBQ-såsen.

8. Jamaicansk BBQ-sås

INGREDIENSER:

1 kopp ketchup
1/4 kopp ananasjuice
2 msk farinsocker
2 msk sojasås
2 msk limejuice
1 msk Worcestershiresås
1 msk jamaicansk jerkkrydda
1 tsk vitlökspulver
1 tsk lökpulver
1/2 tsk svartpeppar
1/4 tsk cayennepeppar (justera efter smak för värme)

INSTRUKTIONER:

I en kastrull, kombinera alla ingredienser och vispa ihop tills det är väl blandat.
Sätt kastrullen på medelvärme och låt blandningen koka upp.
Sänk värmen till låg och låt såsen sjuda i cirka 15 minuter, rör om då och då.
Ta bort från värmen och låt den svalna innan du använder den.
Denna sås kombinerar söta, syrliga och kryddiga smaker med jamaicansk jerkkrydda för en karibisk twist.

9. Kansas City-stil BBQ-sås

INGREDIENSER:

2 koppar ketchup
1/2 kopp äppelcidervinäger
1/4 kopp farinsocker
2 matskedar melass
2 msk Worcestershiresås
1 msk dijonsenap
1 msk chilipulver
1 tsk vitlökspulver
1 tsk lökpulver
1/2 tsk svartpeppar
1/4 tsk cayennepeppar (valfritt för värme)

INSTRUKTIONER:

I en kastrull, kombinera alla ingredienser och vispa ihop tills det är väl blandat.
Sätt kastrullen på medelvärme och låt blandningen koka upp.
Sänk värmen till låg och låt såsen sjuda i cirka 20 minuter, rör om då och då.
Ta bort från värmen och låt den svalna innan du använder den.
Denna sås är en klassisk Kansas City-stil BBQ-sås, med en balans mellan söta, syrliga och rökiga smaker.

O.Koreansk BBQ-sås

INGREDIENSER:

1/2 kopp sojasås
1/4 kopp farinsocker
1/4 kopp risvinäger
2 msk sesamolja
2 msk koreansk chilipasta (gochujang)
2 matskedar honung
1 msk riven ingefära
2 vitlöksklyftor, hackade
1/2 tsk svartpeppar
1/4 tesked röd paprikaflingor (valfritt för värme)

INSTRUKTIONER:

I en skål, kombinera alla ingredienser och vispa ihop tills det är väl blandat.
Låt såsen stå i minst 15 minuter så att smakerna smälter samman.
Denna sås är perfekt för att marinera kött, grilla eller som en dippsås för koreansk BBQ.
Njut av din variation av BBQ-såser och få en utsökt grillupplevelse!

HET BBQ-SÅS

31. Varm BBQ- sås

INGREDIENSER:

1 kopp ketchup
1/4 kopp farinsocker
2 matskedar varm sås efter eget val
2 msk äppelcidervinäger
1 msk Worcestershiresås
1 tsk rökt paprika
1/2 tsk vitlökspulver
1/2 tsk lökpulver
1/4 tsk cayennepeppar (valfritt för extra värme)

INSTRUKTIONER:

I en kastrull, kombinera alla ingredienser och vispa ihop tills det är väl blandat.
Värm såsen på medelvärme, rör om då och då, tills den får sjuda.
Sänk värmen till låg och låt såsen sjuda i cirka 10 minuter så att smakerna smälter.
Ta av från värmen och låt såsen svalna.
Överför såsen till en burk eller lufttät behållare och kyl.

32. Varm Georgia BBQ- sås

INGREDIENSER:

1 kopp ketchup
1/4 kopp äppelcidervinäger
2 matskedar melass
2 matskedar varm sås efter eget val
1 msk dijonsenap
1 msk Worcestershiresås
1 tsk rökt paprika
1/2 tsk vitlökspulver
1/2 tsk lökpulver
1/4 tsk cayennepeppar (valfritt för extra värme)

INSTRUKTIONER:

I en kastrull, kombinera alla ingredienser och vispa ihop tills det är väl blandat.
Värm såsen på medelvärme, rör om då och då, tills den får sjuda.
Sänk värmen till låg och låt såsen sjuda i cirka 10 minuter så att smakerna smälter.
Ta av från värmen och låt såsen svalna.
Överför såsen till en burk eller lufttät behållare och kyl.

33. Varm kryddig Texas BBQ- sås

INGREDIENSER:
1 kopp ketchup
1/4 kopp äppelcidervinäger
2 matskedar varm sås efter eget val
2 msk Worcestershiresås
1 msk melass
1 msk farinsocker
1 tsk rökt paprika
1/2 tsk vitlökspulver
1/2 tsk lökpulver
1/4 tsk cayennepeppar (valfritt för extra värme)

INSTRUKTIONER:
I en kastrull, kombinera alla ingredienser och vispa ihop tills det är väl blandat.
Värm såsen på medelvärme, rör om då och då, tills den får sjuda.
Sänk värmen till låg och låt såsen sjuda i cirka 10 minuter så att smakerna smälter.
Ta av från värmen och låt såsen svalna.
Överför såsen till en burk eller lufttät behållare och kyl.

34.Söt Habanero BBQ-sås

INGREDIENSER:

8 habanero paprika (frö och stjälkar borttagna)
4 vitlöksklyftor
1 kopp ketchup
1/4 kopp melass
2 matskedar vit vinäger
2 msk farinsocker
1 msk Worcestershiresås
1 tsk rökt paprika
1/2 tsk salt

INSTRUKTIONER:

I en mixer eller matberedare, kombinera habanero-peppar, vitlök, ketchup, melass, vinäger, farinsocker, Worcestershiresås, rökt paprika och salt. Mixa tills det är slätt.
Häll blandningen i en kastrull och låt det sjuda på medelvärme.
Sänk värmen till låg och låt såsen sjuda i ca 10-15 minuter, rör om då och då.
Ta av från värmen och låt såsen svalna helt. Överför den till en burk eller flaska och förvara i kylen.

35. Varm lönn grillsås

INGREDIENSER:

1 kopp ketchup
1/4 kopp lönnsirap
2 matskedar varm sås efter eget val
2 msk äppelcidervinäger
1 msk dijonsenap
1 msk Worcestershiresås
1 tsk rökt paprika
1/2 tsk vitlökspulver
1/2 tsk lökpulver
1/4 tsk cayennepeppar (valfritt för extra värme)

INSTRUKTIONER:

I en kastrull, kombinera alla ingredienser och vispa ihop tills det är väl blandat.
Värm såsen på medelvärme, rör om då och då, tills den får sjuda.
Sänk värmen till låg och låt såsen sjuda i cirka 10 minuter så att smakerna smälter.
Ta av från värmen och låt såsen svalna.
Överför såsen till en burk eller lufttät behållare och kyl.

36. Red Hot Grillsås

INGREDIENSER:

1 kopp ketchup
1/4 kopp äppelcidervinäger
2 matskedar varm sås efter eget val
2 msk Worcestershiresås
2 msk farinsocker
1 msk dijonsenap
1 tsk rökt paprika
1/2 tsk vitlökspulver
1/2 tsk lökpulver
1/4 tsk cayennepeppar (valfritt för extra värme)

INSTRUKTIONER:

I en kastrull, kombinera alla ingredienser och vispa ihop tills det är väl blandat.
Värm såsen på medelvärme, rör om då och då, tills den får sjuda.
Sänk värmen till låg och låt såsen sjuda i cirka 10 minuter så att smakerna smälter.
Ta av från värmen och låt såsen svalna.
Överför såsen till en burk eller lufttät behållare och kyl.

37. Tabasco Island grillsås

INGREDIENSER:

1 kopp ketchup
1/4 kopp äppelcidervinäger
2 msk Tabascosås
2 matskedar honung
1 msk sojasås
1 msk dijonsenap
1 tsk vitlökspulver
1/2 tsk lökpulver
1/4 tsk svartpeppar

INSTRUKTIONER:

I en kastrull, kombinera alla ingredienser och vispa ihop tills det är väl blandat.
Värm såsen på medelvärme, rör om då och då, tills den får sjuda.
Sänk värmen till låg och låt såsen sjuda i cirka 10 minuter så att smakerna smälter.
Ta av från värmen och låt såsen svalna.
Överför såsen till en burk eller lufttät behållare och kyl.

38.Habanero, tomatillo & apelsinsalsa

INGREDIENSER:
4 tomatillos, skalade och sköljda
2 habanero paprika, stjälkar och frön borttagna
1 liten rödlök, tärnad
1 vitlöksklyfta, finhackad
Saft av 1 apelsin
Saft av 1 lime
1 msk olivolja
1 msk hackad färsk koriander
Salta två nycklar

INSTRUKTIONER:
Förvärm din broiler till hög. Lägg tomatillorna på en plåt och stek i 5-7 minuter tills de är lite förkolnade och mjuknade.
Ta ut tomaterna från ugnen och låt dem svalna något.
I en mixer eller matberedare, kombinera stekt tomatillos, habanero paprika, rödlök, vitlök, apelsinjuice, limejuice, olivolja och koriander.
Mixa tills du får en slät konsistens. Om du föredrar en tjockare salsa, pulsera ingredienserna istället för att blanda kontinuerligt.
Smaka av salsan och smaka av med salt efter dina önskemål. Justera mängden habaneropeppar baserat på önskad kryddnivå.
Överför salsan till en serveringsskål och låt den stå i rumstemperatur i cirka 30 minuter så att smakerna smälter samman.
Servera habanero-, tomatillo- och apelsinsalsan med tortillachips, tacos, grillat kött eller vilken rätt du önskar.

39.Yucatan habanero sås

INGREDIENSER:
6 habanero paprika, stjälkar och frön borttagna
2 vitlöksklyftor
1/2 liten rödlök, hackad
Saft av 2 apelsiner
Saft av 1 lime
2 matskedar vit vinäger
1 msk olivolja
1 tsk torkad oregano
Salta två nycklar

INSTRUKTIONER:
I en mixer eller matberedare, kombinera habanero-peppar, vitlök, rödlök, apelsinjuice, limejuice, vit vinäger, olivolja, torkad oregano och en nypa salt.
Mixa tills du får en slät konsistens. Om blandningen är för tjock kan du tillsätta lite vatten för att nå önskad konsistens.
Smaka av såsen och justera kryddningen genom att tillsätta mer salt om det behövs.
Överför Yucatan habanero-såsen till en burk eller flaska med tättslutande lock.
Låt såsen stå i rumstemperatur i minst 1 timme så att smakerna utvecklas och smälter samman.
Efter vila, kyl såsen i några timmar eller över natten för att ytterligare förstärka smakerna.
Servera Yucatan habanero-såsen som en kryddig krydda tillsammans med grillat kött, tacos, quesadillas eller någon annan maträtt som kan behöva en kryddig kick.
Kom ihåg att habanero paprika är extremt kryddig, så hantera dem varsamt och överväg att bära handskar när

du förbereder dem. Börja med en liten mängd habaneropeppar och justera mängden baserat på din kryddtolerans. Njut av de eldiga smakerna av Yucatan habanero-sås!

10. Mango-habanero sås

INGREDIENSER:

2 mogna mango, skalade och tärnade
2 habanero paprika, stjälkar och frön borttagna
1/4 kopp vit vinäger
2 msk limejuice
2 msk honung eller socker
1 vitlöksklyfta, finhackad
1/2 tsk salt

INSTRUKTIONER:

I en mixer eller matberedare, kombinera tärnad mango, habanero-peppar, vit vinäger, limejuice, honung eller socker, hackad vitlök och salt.

Mixa tills du får en slät och jämn konsistens. Om så önskas kan du lämna såsen lite tjock för extra konsistens.

Smaka av såsen och justera sötma och värmenivå genom att tillsätta mer honung eller socker för sötma eller ytterligare habaneropeppar för mer värme.

Häll såsen i en kastrull och värm på medel-låg värme i cirka 5 minuter, rör om då och då, så att smakerna smälter samman.

Ta bort från värmen och låt mango-habanerosåsen svalna helt.

Överför såsen till en burk eller flaska med tättslutande lock.

Kyl såsen i minst 1 timme för att låta smakerna utvecklas ytterligare innan du använder den.

Servera mango-habanero-såsen som en dippsås, glasyr eller krydda för grillat kött, skaldjur, tacos, smörgåsar eller någon maträtt som kan behöva en söt och kryddig kick.

1. Persika & plommon habanero salsa

INGREDIENSER:
2 persikor, skalade och tärnade
2 plommon, skalade och tärnade
2 habanero paprika, stjälkar och frön borttagna, finhackade
1/2 rödlök, finhackad
1/4 kopp färsk koriander, hackad
Saft av 1 lime
1 matsked vit vinäger
1 matsked honung eller socker (valfritt, för sötma)
Salta två nycklar

INSTRUKTIONER:
I en skål, kombinera tärnade persikor, plommon, hackad habaneropeppar, rödlök och koriander.
Tillsätt limejuice och vitvinäger i skålen och blanda väl.
Om du föredrar en sötare salsa kan du tillsätta honung eller socker och blanda tills det löser sig.
Smaka av med salt efter smak och justera mängden habaneropeppar baserat på önskad kryddighetsnivå.
Låt salsan stå i rumstemperatur i cirka 15-30 minuter så att smakerna smälter samman.
Smaka av salsan och justera kryddan om det behövs.
Servera persika och plommon habanero salsan med tortillachips, grillat kött, fisk, tacos eller någon annan rätt som kan använda en fruktig och kryddig salsa.
Eventuell överbliven salsa kan förvaras i en försluten behållare i kylen i upp till 3-4 dagar.
Njut av den söta och syrliga kombinationen av persikor och plommon med den eldiga kicken av habanero-peppar i denna läckra salsa!

2.Vin-Habanero sås

INGREDIENSER:

4 habanero paprika, stjälkar och frön borttagna, finhackade
1 kopp rött vin (som Cabernet Sauvignon eller Merlot)
1/2 kopp destillerad vit vinäger
1/4 kopp honung eller socker
2 vitlöksklyftor, hackade
1 tsk salt
1 matsked majsstärkelse (valfritt, för förtjockning)

INSTRUKTIONER:

I en kastrull, kombinera habanero-peppar, rött vin, vit vinäger, honung eller socker, hackad vitlök och salt.
Koka upp blandningen på medelvärme. När det kokar, sänk värmen till låg och låt det sjuda i cirka 15 minuter, rör om då och då.
Om du föredrar en tjockare sås, lös majsstärkelse i en liten mängd kallt vatten för att skapa en slurry. Rör ner slurryn i såsen och fortsätt att sjuda i ytterligare 5 minuter tills såsen tjocknar något.
Ta kastrullen från värmen och låt vin-habanerosåsen svalna helt.
Överför såsen till en burk eller flaska och förvara den i kylen.
Låt smakerna smälta samman i minst 1-2 dagar innan du använder för bästa resultat.
Servera vin-habanerosåsen som en krydda eller glasyr för grillat kött, fågel, skaldjur eller rostade grönsaker.

3.Rom habanero sås

INGREDIENSER:

4 habanero paprika, stjälkar och frön borttagna, finhackade
1/2 kopp rom (mörk eller kryddad)
1/4 kopp destillerad vit vinäger
1/4 kopp limejuice
2 msk honung eller socker
2 vitlöksklyftor, hackade
1 tsk salt

INSTRUKTIONER:

I en kastrull, kombinera habanero-peppar, rom, vit vinäger, limejuice, honung eller socker, hackad vitlök och salt.
Koka upp blandningen på medelvärme. När det kokar, sänk värmen till låg och låt det sjuda i cirka 10 minuter, rör om då och då.
Ta kastrullen från värmen och låt rom-habanerosåsen svalna i några minuter.
Överför såsen till en mixer eller matberedare och mixa tills den är slät.
Låt såsen svalna helt.
Häll såsen i en burk eller flaska och förvara den i kylen.
Låt smakerna smälta samman i minst 1-2 dagar innan du använder för bästa resultat.
Servera rom-habanero-såsen som en krydda eller glasyr för grillat kött, skaldjur eller som en dipsås till aptitretare.

4. Tabasco peppar smörsås

INGREDIENSER:

1/2 kopp osaltat smör, smält
2 msk Tabascosås
1 msk citronsaft
1/4 tsk salt

INSTRUKTIONER:

I en liten skål, vispa ihop det smälta smöret, Tabascosåsen, citronsaften och saltet tills det är väl blandat.

Lägg över såsen i ett serveringsfat och kyl tills smöret stelnat något.

Servera såsen som dipp till skaldjur, grillat kött eller grönsaker.

5.Rökig Sriracha varm sås

INGREDIENSER:

1 kopp röd chilipeppar (urkärnad och hackad)
4 vitlöksklyftor (hackad)
1/4 kopp destillerad vinäger
2 msk rökt paprika
1 matsked socker
1 matsked salt

INSTRUKTIONER:

Mixa chilipeppar, vitlök, vinäger, rökt paprika, socker och salt i en matberedare tills det är slätt.
Häll blandningen i en kastrull och låt sjuda på svag värme i 15-20 minuter, rör om då och då.
Låt såsen svalna helt, överför den sedan till en burk eller flaska och förvara den i kylen.

6. Varmrökt senapssås

INGREDIENSER:

1/2 kopp gul senap
2 matskedar varm sås efter eget val
2 matskedar honung
1 msk äppelcidervinäger
1 tsk rökt paprika
1/2 tsk vitlökspulver
1/2 tsk lökpulver
1/4 tsk svartpeppar

INSTRUKTIONER:

I en skål, kombinera den gula senap, varm sås, honung, äppelcidervinäger, rökt paprika, vitlökspulver, lökpulver och svartpeppar.
Rör om väl för att kombinera.
Smaka av och justera kryddningen om så önskas.
Överför såsen till en burk eller lufttät behållare och kyl.

BBQ GLASUR

47. BBQ-såsglasyr

INGREDIENSER:

- 1½ msk fläskdropp
- ½ liter ketchup
- ¼ kopp vinäger
- ½ kopp socker
- ½ 57 sås
- ½ msk svartpeppar
- 2 msk röd paprika
- 1 msk vitlökssalt
- ¼ kopp chilipulver
- ¼ kopp Worcestershiresås

INSTRUKTIONER:

Blanda alla ingredienser och låt sjuda tills det blir tjockt. Använd öl för att gallra innan du använder .

48. Ananas chutney glasyr

INGREDIENSER:

- 1 st krossad ananas, 20 uns burk
- ½ kopp chutney, uppskuren
- 2 matskedar Farinsocker
- 2 msk smör
- 1 tsk salt
- 1 tsk ingefära, mald

INSTRUKTIONER:

Blanda alla ingredienser i en kastrull. Koka upp, minska värmen och låt sjuda i 15 minuter. Använd för att tråckla lamm, fläsk eller skinka under 15 minuter av grillningen. Passera resten.

49. Honungssenapsglasyr

INGREDIENSER:

1/2 kopp dijonsenap
1/4 kopp honung
2 msk äppelcidervinäger
1 msk sojasås
1 tsk vitlökspulver
1/2 tsk lökpulver
Salta och peppra efter smak

INSTRUKTIONER:

I en skål, vispa ihop dijonsenap, honung, äppelcidervinäger, sojasås, vitlökspulver, lökpulver, salt och peppar tills det är väl blandat.

Pensla glasyren på köttet under de sista 10 minuterna av grillningen, låt det karamellisera något.

50. Spicy Chipotle Glaze

INGREDIENSER:

1 kopp ketchup
1/4 kopp farinsocker
2 msk chipotle i adobosås (finhackad)
2 msk äppelcidervinäger
1 msk Worcestershiresås
1 tsk vitlökspulver
1 tsk rökt paprika
1/2 tsk cayennepeppar
Salta och peppra efter smak

INSTRUKTIONER:

I en kastrull, kombinera ketchup, farinsocker, chipotle i adobosås, äppelcidervinäger, Worcestershiresås, vitlökspulver, rökt paprika, cayennepeppar, salt och peppar.
Vispa ihop ingredienserna och låt blandningen sjuda på medelvärme.
Sänk värmen till låg och låt glasyren sjuda i cirka 10-15 minuter, rör om då och då, tills den tjocknar.
Ta bort från värmen och låt den svalna, glasyren är nu klar att användas.

51.Lönn-Bourbon glasyr

INGREDIENSER:

1/2 kopp lönnsirap
1/4 kopp bourbon
2 msk dijonsenap
2 msk sojasås
1 msk äppelcidervinäger
1 tsk vitlökspulver
1/2 tsk rökt paprika
Salta och peppra efter smak

INSTRUKTIONER:

I en skål, vispa ihop lönnsirap, bourbon, dijonsenap, sojasås, äppelcidervinäger, vitlökspulver, rökt paprika, salt och peppar tills det är väl blandat.

Pensla glasyren på köttet under de sista 10 minuterna av grillningen, låt det karamellisera något.

52. Ananas Teriyaki Glaze

INGREDIENSER:

1 kopp ananasjuice
1/4 kopp sojasås
2 msk farinsocker
2 matskedar honung
2 msk risvinäger
1 tsk vitlökspulver
1/2 tsk ingefärapulver
Salta och peppra efter smak

INSTRUKTIONER:

I en kastrull, kombinera ananasjuice, sojasås, farinsocker, honung, risvinäger, vitlökspulver, ingefärapulver, salt och peppar.
Vispa ihop ingredienserna och låt blandningen koka upp på medelvärme.
Sänk värmen till låg och låt glasyren sjuda i cirka 10-15 minuter, rör om då och då, tills den tjocknar.
Ta bort från värmen och låt den svalna, glasyren är nu klar att användas.

53. Sweet and Tangy BBQ Glaze

INGREDIENSER:
1 kopp ketchup
1/4 kopp honung
2 msk äppelcidervinäger
2 matskedar melass
1 msk dijonsenap
1 tsk vitlökspulver
1/2 tsk lökpulver
Salta och peppra efter smak

INSTRUKTIONER:
I en kastrull, kombinera ketchup, honung, äppelcidervinäger, melass, dijonsenap, vitlökspulver, lökpulver, salt och peppar.
Vispa ihop ingredienserna och låt blandningen sjuda på medelvärme.
Sänk värmen till låg och låt glasyren sjuda i cirka 10-15 minuter, rör om då och då, tills den tjocknar.
Ta bort från värmen och låt den svalna, glasyren är nu klar att användas.

54. Smoky Maple Glaze

INGREDIENSER:

1 dl lönnsirap
1/4 kopp ketchup
2 msk äppelcidervinäger
1 msk dijonsenap
1 tsk flytande rök
1/2 tsk vitlökspulver
1/2 tsk rökt paprika
Salta och peppra efter smak

INSTRUKTIONER:

I en kastrull, kombinera lönnsirap, ketchup, äppelcidervinäger, dijonsenap, flytande rök, vitlökspulver, rökt paprika, salt och peppar.

Vispa ihop ingredienserna och låt blandningen sjuda på medelvärme.

Sänk värmen till låg och låt glasyren sjuda i cirka 10-15 minuter, rör om då och då, tills den tjocknar.

Ta bort från värmen och låt den svalna, glasyren är nu klar att användas.

55. Brunt socker och senapsglasyr

INGREDIENSER:

1/2 kopp farinsocker
1/4 kopp dijonsenap
2 msk äppelcidervinäger
1 msk sojasås
1 tsk vitlökspulver
1/2 tsk rökt paprika
Salta och peppra efter smak

INSTRUKTIONER:

I en skål, vispa ihop farinsocker, dijonsenap, äppelcidervinäger, sojasås, vitlökspulver, rökt paprika, salt och peppar tills det är väl blandat.
Pensla glasyren på köttet under de sista 10 minuterna av grillningen, låt det karamellisera något.

56. Asiatisk sesamglasyr

INGREDIENSER:

1/4 kopp sojasås
2 matskedar honung
2 msk risvinäger
1 msk sesamolja
1 tsk vitlökspulver
1/2 tsk ingefärapulver
1/2 tsk krossade rödpepparflingor (valfritt)
Salta och peppra efter smak

INSTRUKTIONER:

I en skål, vispa ihop sojasås, honung, risvinäger, sesamolja, vitlökspulver, ingefärapulver, krossade rödpepparflingor, salt och peppar tills det är väl blandat.

Pensla glasyren på köttet under de sista 10 minuterna av grillningen, låt det karamellisera något.

57. Hallon Chipotle glasyr

INGREDIENSER:

1 kopp frönfri hallonsylt
2 msk chipotle i adobosås (finhackad)
2 msk äppelcidervinäger
1 msk sojasås
1 tsk vitlökspulver
1/2 tsk rökt paprika
Salta och peppra efter smak

INSTRUKTIONER:

I en kastrull, kombinera hallonsylt, chipotle i adobosås, äppelcidervinäger, sojasås, vitlökspulver, rökt paprika, salt och peppar.

Vispa ihop ingredienserna och låt blandningen sjuda på medelvärme.

Sänk värmen till låg och låt glasyren sjuda i cirka 10-15 minuter, rör om då och då, tills den tjocknar.

Ta bort från värmen och låt den svalna, glasyren är nu klar att användas.

BBQ BRINES

8. Achiotelake & barbecuesås

INGREDIENSER:

- 1 kopp rödvinsvinäger
- ¼ kopp vatten
- 2 tsk malen spiskummin
- 3 vitlöksklyftor, hackade
- 2 tsk Achiotepasta
- 1 tsk krossad röd paprika
- Salt och svartpeppar, efter smak
- ¼ kopp olivolja
- 1 torkad pasilla chile
- 1 kopp kokande vatten
- 2 msk Achiotepasta
- 1 msk olivolja
- ¾ kopp av saltlaken

INSTRUKTIONER:

Saltlake: Blanda saltlake ingrediens:s
Användning: Pensla på köttspett. Grilla eller grilla tills köttet är klart, ca 5 minuter, tråckla med saltlake flera gånger. Pensla igen innan portion .

9. Teriyaki saltlake&sås

INGREDIENSER:

- 1 kopp sojasås
- 1 kopp vatten
- 2 matskedar vinäger
- 2 msk farinsocker
- 1 tsk torr senap
- $\frac{1}{2}$ tesked pulveriserad ingefära
- $\frac{1}{2}$ tsk vitlökspulver
- 1 tsk varm pepparsås
- 2 msk majsstärkelse

INSTRUKTIONER:
Vispa ihop alla ingredienser

10. Ananas-sojalake för revbensspjäll

INGREDIENSER:
- 1 vitlöksklyfta
- 1 kopp sojasås
- $\frac{1}{2}$ kopp ananasjuice
- $\frac{1}{4}$ kopp sherry
- $1\frac{1}{2}$ msk farinsocker

INSTRUKTIONER:

a) Finhacka vitlöken och blanda sedan med resten av ingredienserna.

b) Lägg i spareribs och marinera.

1.Rödbönor ostlake

INGREDIENSER:

- 2 matskedar kinesisk rödbönaost
- ½ vitlöksklyfta
- 2 msk sojasås
- 1 tsk salt
- ½ tesked socker
- ½ tesked Fem kryddor

INSTRUKTIONER:

a) Mosa röd bönost och krossa vitlök, blanda sedan med resten av ingredienserna.

b) Gnid blandningen över spareribs, låt vila 1 timme och stek sedan.

2. Brisket saltlake

INGREDIENSER:

- 2 matskedar Rib Eye Express Brisket Rub
- 12 uns öl
- 1 st måttlig lök, riven
- $\frac{1}{2}$ kopp cidervinäger
- $\frac{1}{4}$ kopp olja, majs
- 2 st Chipotles chili
- 2 msk Adobo sås
- 2 matskedar Flytande rök

INSTRUKTIONER:

Blanda alla ingredienser, blanda i mixern och häll över bringan över natten.

3.Ryck saltlake

INGREDIENSER:

- 1 kopp salladslök (fint tärnad)
- ½ stor vit eller gul lök (grovt tärnad)
- 2 matskedar Färska timjanblad
- 3 habanero chili
- 2 tsk jamaicansk kryddpeppar
- 3 matskedar sojasås
- 1 matsked vinäger
- 1 msk matolja
- 1 tsk mald svartpeppar
- 2 tsk salt
- 2 tsk socker
- ½ tsk kanel
- ½ tsk Muskotnöt

INSTRUKTIONER:

a) Lägg alla ingredienser utom salladslöken och timjan i en mixer (eller matberedare) och puré.

b) Tillsätt sedan de återstående ingredienserna och kör upp mixern tills ingredienserna är väl blandade, men inte mosade.

4. Alaskan skaldjurslake

INGREDIENSER:

- 8 matskedar osaltat smör eller margarin
- 1 kopp farinsocker; (packad)
- ⅓ kopp honung
- ⅓ matsked färsk citronsaft
- 1 tsk Flytande rökarom
- ¼ tesked torkad rosmarin
- 1 tsk TABASCO pepparsås

INSTRUKTIONER:

Blanda alla ingredienser i en måttlig kastrull på måttlig värme.
Koka, rör om tills den är slät, 5 till 7 minuter
Kyl till rumstemperatur Marinera skaldjur 30 minuter före grillning.

5. Ancho chile och apelsin saltlake

INGREDIENSER:

- ¼ tesked Hela spiskumminfrön
- ¼ tesked Hela korianderfrön
- ½ måttlig lök; tjockt segmenterad
- 8 (stora) vitlöksklyftor, oskalade
- 8 torkade ancho chili
- 1 nypa kanel (generös)
- ¼ tesked Nymalen svartpeppar
- 1 stor apelsin; strimlat skal av
- ½ tsk torkad oregano
- Varmt vatten
- 1 stor apelsin; juice av
- ½ lime; saft av
- Salta två nycklar

INSTRUKTIONER:

i en kraftig stekpanna på måttlig värme i ca 5 minuter, eller upp tills den är aromatisk. Mal till pulver i en kaffekvarn

Tillsätt lök, vitlök och chili i pannan, rosta chilin i 3 till 5 minuter tills de är aromatiska. Ta ut omedelbart. Ta löksegmenten så att de blir gyllene och vitlöken så att de blir lätt mjuka, ca 10 minuter.

Stjälk och frön chili, täck sedan med lock med varmt vatten och låt dra i 30 minuter. Rosta under tiden kanel, peppar och apelsinskal 10 sekunder på måttlig värme.

Blanda alla ingredienser i en mixer (skala vitlök först), inklusive chili och några matskedar av deras vätska.

Puré, krydda efter smak och kyl tills det behövs

Marinera större bitar av kött eller fågel från flera timmar till över natten.

Fisk behöver bara en timme eller så medan grönsaker är klara att tillagas inom en timme. Förvara alltid marinerad mat i kylen.

66. Bourbon saltlake

INGREDIENSER:

- 1 morot, segmenterad
- 1 lök, segmenterad
- 1 vitlöksklyfta, finhackad
- 4 kvistar persilja
- 1 msk svartpepparkorn, knäckta
- 1 lagerblad
- 2 dl vitt vin (torrt)
- ½ kopp vinäger
- 4 koppar vatten
- ¼ kopp vild kalkon bourbon

INSTRUKTIONER:

Blanda alla ingredienser i en stor form av glas eller lergods tills det är väl blandat. Tillsätt köttet i saltlake. Ställ i kylen i 8 timmar eller över natten, rotera 4 gånger.

67. Tranbärslake för fläsk

INGREDIENSER:

- 6 uns Färska eller frysta tranbär
- ½ kopp vatten
- 1½ tsk Rivet apelsinskal
- 3 matskedar rödvinsvinäger
- 2 msk Fintärnad schalottenlök
- ½ kopp packat gyllene farinsocker
- 2 tsk salt
- ½ tesked Knäckta svartpepparkorn
- ¼ kopp vegetabilisk olja
- 2 10-ounce fläskfiléer
- Salt och nymald
- Peppar

INSTRUKTIONER:

Blanda tranbär, vatten och apelsinskal i en tjock måttlig kastrull.
Koka upp. Sänk värmen och låt sjuda tills tranbären spricker, rör om då och då, cirka 10 minuter. Sila ur tranbären och skala och flytta till processorn. Rengör tills det är slätt. Tillsätt vinäger, schalottenlök, socker, salt och pepparkorn och blanda väl Vispa gradvis i vegetabilisk olja.Kyl helt.

68. Krabbklo saltlake

INGREDIENSER:

- 1 kopp olivolja
- ½ kopp vinäger
- ¼ kopp citronsaft
- 1 tsk dragon
- 1 kopp persilja
- 1 kopp selleri
- ¾ tesked svartpeppar
- ¾ tesked salt
- ¾ tesked socker
- 1 dl salladslök
- 4 st vitlöksklyftor (4-10 st)

INSTRUKTIONER:
Blanda allt, häll över klorna och servera.

69. Fajita saltlake

INGREDIENSER:
- 4 koppar lätt sojasås
- 1 kopp packat farinsocker
- 1 tsk vardera: vitlök och lökpulver
- 8 matskedar (1/2 kopp) färsk citronsaft
- 4 tsk mald ingefära
- 1 Kjolstek
- Värm mjöltortillas
- Färdig d pico de gallo eller picantesås

INSTRUKTIONER:
Blanda sojasås, farinsocker, vitlök och lökpulver, citronsaft och ingefära i en burk, skaka för att blanda väl och lös upp socker. Låt saltlaken vila i en förseglad burk över natten.

70. Koreansk sesamsaltlösning

INGREDIENSER:

- ¼ kopp rostade sesamfrön
- 3 Vitlöksklyftor hackade
- 1 msk ingefära, finhackad
- 3 salladslökar, hackade
- ⅓ kopp sojasås
- 3 matskedar socker eller honung
- 1½ msk sesamolja
- 1 tsk varma röd paprikaflingor
- ½ tsk svartpeppar

INSTRUKTIONER:

Rosta sesamfröna lätt på en torr stekpanna på måttlig värme.

Blanda sesamfröna och resten av ingredienserna i en grund form.

71. Citronrosmarinslak

INGREDIENSER:
- ½ kopp citronsaft
- ½ kopp torrt vitt vin
- ½ kopp olivolja
- 2 msk Tärnad färsk rosmarin eller 1 tsk smulad torkad
- 2 msk Tärnad färsk persilja
- 1 tsk rivet citronskal
- ½ tsk salt
- ¼ tesked Nymalen peppar
- 1 lagerblad, brutet i tredjedelar

INSTRUKTIONER:
Blanda alla ingredienser, blanda väl.

72. Margarita saltlake

INGREDIENSER:

- 10 uns Can Chi Chi tärnade tomater
- Och grön chili, avrunnen
- $\frac{1}{4}$ kopp apelsinjuice
- $\frac{1}{4}$ kopp Tequila
- $\frac{1}{4}$ kopp vegetabilisk olja
- 2 pund Fläskfilé, eller
- Kycklingbröst, eller
- 2 matskedar färsk limejuice
- 1 matsked honung
- 1 tsk Finhackad färsk vitlök
- 1 tsk rivet limeskal

INSTRUKTIONER:
Blanda alla ingredienser i en stor återförslutbar plastpåse.

BBQ SALSA

3.Grillad persikosalsa

INGREDIENSER:

- 4 Persika; skuren i bråkdel , grop Ta ut (skinn kvar på)
- 2 matskedar olivolja; delad
- 3 matskedar rödlök, fint tärnad
- 1 liten Jalapeno; frö Ta ut och tärnade fint
- 2 msk balsamvinäger
- $\frac{1}{4}$ kopp koriander; grovt tärnad
- 2 msk mintchiffonad
- Salta och nymalen peppar

INSTRUKTIONER:

Värm upp Blackstone-grillen. Borsta sidan av persikan med 1 msk olivolja. Lägg den skurna sidan nedåt på grillen och grilla persikan tills de karamelliseras, men fortfarande håller formen, 3-4 minuter.

Ta ut persikan och skär i $\frac{1}{2}$ tums tärningar Lägg persikan i en måttlig form och blanda med resten av ingredienserna och resterande 1 msk olivolja - krydda med salt och peppar.

Låt stå i rumstemperatur i 30 minuter innan servering

4.Persika och lök salsa

INGREDIENSER:

- 1 måttlig lök
- 2¼ teskedar salt
- 4 måttliga s Peach
- 1 msk balsamvinäger
- 1 jalapeno chile
- ½ kopp basilikablad

INSTRUKTIONER:

Blanda löken med 2 tsk salt i en icke-reaktiv skål. Låt vila minst 1 timme men inte mer än 1½ timme. Löken kommer att vissna något, kasta av sig lite juice och bli mycket mindre skarp. Häll saften från löken, skölj med kallt vatten och dränera igen.

Skala persikan och hacka måttligt fint med kniv

Blanda persika i en icke-reaktiv skål med lök, vinäger, jalapeno och resterande salt.

Finhacka basilika och rör ner. Servera på en gång.

5. Grillad chilesalsa

INGREDIENSER:

- 3 stora tomater, tärnade
- 1 lök, skalad och tärnad
- ⅓ kopp Färsk koriander, tärnad
- 3 matskedar Färsk limejuice
- 2 Poblano paprika, grillad och tärnad
- 1 tsk finhackad vitlök

INSTRUKTIONER:

Att grilla Poblano-peppar ger den en fin rökig smak.
Blanda alla ingredienser i en form och smaka av med salt och peppar.
Ställ i kylen i 1 timme för att blanda smaker. Servera med din favorit Tex-Mex-rätt.

6. Ancho chile salsa

INGREDIENSER:

- 4 måttliga Ancho chili, torkade rena, skaftade och kärnade
- 2 koppar färskpressad apelsinjuice
- 4 matskedar Färskpressad grapefruktjuice
- 2 matskedar färskpressad limejuice
- 4 tsk salt
- 1 tsk färskmalen svartpeppar
- 4 matskedar olivolja

INSTRUKTIONER:

Rosta chilin direkt över en måttlig gaslåga eller i en gjutjärnsgrill tills de är mjuka och bruna, rotera ofta för att undvika brännhet.

Segmentera chilin i 1-tums remsor, sedan till en mycket fin julienne.

Blanda alla ingredienser i en form, blanda väl och låt stå i minst 30 minuter eller så länge som 2 timmar innan portion.

7. Aprikosstekt pepparsalsa

INGREDIENSER:

- 1 pund färska aprikoser
- 2 färska jalapenos
- 1 röd paprika
- 1 gurka, skalad och frön Ta ut
- ½ Rödlök
- ½ knippe koriander
- 1 lime, saft av
- 3 matskedar extra virgin olivolja
- 1 nypa salt
- 1 nypa socker
- 1 nypa svartpeppar

INSTRUKTIONER:

a) Tärna aprikoser, jalapenos, röd paprika, gurka och lök.
b) Lägg i en form. Hacka koriander och blanda försiktigt. Tillsätt limejuice, olja, salt, socker och peppar

8. Arbol avokado salsa

INGREDIENSER:

- ½ pund italienska romska tomater
- ¾ pund tomatillos, tärnad
- ⅓ kopp (12 till 15) Arbol chili
- ½ knippe koriander
- 1 måttlig vit lök, tärnad
- 2 msk mald spiskummin
- 4 vitlöksklyftor, krossade
- 2 koppar vatten
- 1 tsk salt
- ½ tesked Nymalen svartpeppar
- 1 avokado

INSTRUKTIONER:

a) Värm upp Blackstone-grillen. Lägg tomaterna och tomaterna på en bakplåt. Grilla, rotera då och då, upp tills de är genomstekta, 10 till 12 minuter

b) Flytta till en kastrull tillsammans med resten av ingredienserna.

c) Koka upp blandningen och koka tills löken är mjuk, 12 till 15 minuter. Flytta till en matberedare eller mixer. Puré och sila sedan

d) Servera i rumstemperatur eller lätt kyld. Arbol salsa kan förvaras i kylen i 3 till 5 dagar eller frysas i veckor.

e) Strax före portion, rör ner avokadon

9.Koriander salsa

INGREDIENSER:

- 2 msk grön chili, tärnad
- 1 vitlöksklyfta(r), hackad
- ¾ kopp Vitlök(ar), hackad
- 1 skvätt Salsa habanero
- ½ c upp koriander, tärnad
- Lätt packad
- 3 matskedar rapsolja
- 1 msk limejuice
- 1 matsked Mock Sour Cream

INSTRUKTIONER:

Blanda alla ingredienser i en mixer och puré Ställ åt sidan för att svalna eller förvara i kylen i upp till 2 veckor.

10. Clear creek picante salsa

INGREDIENSER:
- 1 msk olivolja
- 1 varje liten lök, hackad
- 5 st vitlöksklyftor, finhackad
- 3 tomater vardera, skalade
- 1 varje färsk ancho chilipeppar
- 1 st gul paprika
- 4 uns kan tärnad grön chili
- 1 tsk salt
- $\frac{1}{4}$ tesked mald spiskummin
- 1 msk vitlökspulver
- 3 msk balsamvinäger
- 3 msk limejuice
- 1 msk torkad koriander
- 1 msk olivolja
- 1 e liten lök, finhackad
- 5 st vitlöksklyftor, hackad
- 3 st tomater, skalade, kärnade, tärnade grovt
- 1 e färsk ancho chilipeppar, kärnad och finhackad
- 1 e gul paprika, kärnad och finhackad
- 4 oz burk tärnad grön chili
- 1 tesked salt
- $\frac{1}{4}$ tsk mald spiskummin
- 1 msk vitlökspulver
- 3 msk balsamvinäger
- 3 msk limejuice
- 1 msk torkad koriander

INSTRUKTIONER:

a) Fräs lök och vitlök i olivolja på medelvärme tills de är mjuka

b) Tillsätt resten av ingredienserna förutom korianderröra och kontrollera om det finns salt. Tillsätt mer om så önskas. Sänk värmen till låg, täck med lock och låt sjuda i 30 minuter.

c) Ta ut Täck med lock och låt sjuda ytterligare 30 minuter eller upp tills det tjocknat.

d) Ta ut från värmen och tillsätt koriander och rör om. Kyl salsan över natten innan du använder. Servera som en dipp för chips eller som en kryddig topping på din mexikanska eller tex-mex favoritmat

81. Italiensk salsa

INGREDIENSER:
- Mandel
- 1 stor röd paprika
- 12 stora basilikablad
- 1 stor vitlöksklyfta
- 1 Jalapeno chili, halverad och kärnad
- 4 Oljepackade soltorkade tomater
- ¼ stor rödlök
- ¼ c upp olivolja
- 1 msk balsamvinäger*ELLER
- 2 msk rödvinsvinäger och nypa socker
- 1 msk rödvinsvinäger
- ½ tsk salt
- 2 stora tomater
- 10 Kalamata oliver
- Färska basilikablad

INSTRUKTIONER:
Hetta upp Blackstone-grillen. Skär paprika på längden i 4 bitar, kassera kärna och frön. Lägg i ett enda lager på en folieklädd plåt, med skinnsidan uppåt. Grilla 6 tum från värmekällan tills skalet har svartnat. Ta ut från grillen och linda in tätt i folie Låt vila minst 10 minuter Ta ut skinnet, skär peppar i ½-tums tärningar.

Stålkniv: Placera 12 basilikablad i en torr arbetsskål. Med maskinen igång, släpp vitlök och chili genom matarröret och bearbeta tills det är malet. Tillsätt soltorkade tomater och lök och grovhacka med flera på/av-varv. Tillsätt olivolja, båda vinäger och salt och bearbeta tills det är blandat, cirka 5 sekunder. Flytta innehållet i arbetsformen till en stor mixerform. Tillsätt paprika, tomater och oliver och blanda försiktigt.

2. Jalapeno salsa

INGREDIENSER:

- 3 Tomater
- 1 grön paprika
- 3 matskedar Jalapenopeppar
- ¼ c upp lök
- ¼ citron

INSTRUKTIONER:

Blanda tärnade ingredienser i en skål Tillsätt citronsaft och fruktkött och blanda noggrant.

Kyl innan servering.

Servera med knapriga tortillachips, på selleribitar eller andra råa grönsaker, som en sås i tacos eller närhelst en kryddig salsa önskas.

BBQ CHUTNEY

83. Fruktgrill chutney

INGREDIENSER:

- 16 små schalottenlök
- $1\frac{1}{4}$ kopp torrt vitt vin
- 4 måttliga s Aprikoser
- 2 stora persikor
- 2 hela plommontomater
- 12 hela katrinplommon
- 2 måttliga vitlöksklyftor
- 2 matskedar sojasås med låg natriumhalt
- $\frac{1}{2}$ kopp mörkt farinsocker
- $\frac{1}{4}$ tesked röd paprikaflingor

INSTRUKTIONER:

Blanda schalottenlök och vin i en liten kastrull; låt koka upp på hög värme.

Sänk värmen till måttlig låg och låt puttra, under lock , upp tills schalottenlökarna är mjuka, 15 till 20 minuter

Blanda resterande ingredienser i en stor kastrull, tillsätt schalottenlök och vin och låt koka upp på hög värme. Sänk värmen till måttlig , koka tills frukterna har brutits ner men fortfarande är något tjocka, 10 till 15 minuter. Låt svalna.

Flytta bråkdel av såsen till en matberedare och puré Använd detta som saltlake

84. Sötsyrlig papayachutney

INGREDIENSER:
- 1 papaya (färsk, mogen eller burk)
- 1 liten rödlök; Segmenterad mycket tunn
- 1 måttlig tomat-(två 2); kärnade, små tärningar
- ½ kopp Segmenterad salladslök
- 1 liten ananas, skär i bitar
- 1 matsked honung
- Salt; två nycklar
- Nymalen svartpeppar, två smaker
- ½ Färsk jalapeno, fint tärnad

INSTRUKTIONER:
Mixa i en mixer

85. Varm chutney

INGREDIENSER:

- 1 stor lök
- 2 vitlöksklyftor
- 1 3-4" bit ingefära
- 1 citron
- Några mycket heta chilipeppar
- 1 tsk salt
- 2 tsk cayenne mer eller mindre, efter smak
- ½ till 1 tsk svartpeppar

INSTRUKTIONER:

Skär löken i tändstickor, hacka vitlöken eller skär också i små tändstickor.
Skala ingefäran och skär i tunna tändstickor
Tillsätt citronsaft, salt och peppar.
Tillsätt nu värme: cayennepulver efter smak och finhackad het chili Blanda väl och ställ i kylen.

86. Äppel- och katrinplommonchutney

INGREDIENSER:

- 700 gr (1 pund, 8 oz.) äpplen, skalade, urkärnade och tärnade
- 1250 gr. (2 pund, 11 oz.) katrinplommon
- 450 gr. (1 pund) lök, skalad och tärnad
- 2 koppar Sultanas
- 2 koppar äppelcidervinäger
- 2⅔ kopp mjukt farinsocker
- 1 matsked Salt
- 1 tsk Malen, kryddpeppar
- 1 tsk mald ingefära
- ¼ tesked mald muskotnöt
- ¼ tesked mald cayennepeppar
- ¼ tesked mald kryddnejlika
- 2 tsk senapsfrö
- Steriliserade glasburkar

INSTRUKTIONER:

Koka upp alla ingredienserna i en ganska stor panna Sänk värmen Sjud i ca 2 timmar.
När blandningen är tillräckligt tjock, häll chutneyn i steriliserade burkar och stäng dem omedelbart.

87. Carambola chutney

INGREDIENSER:
- 2 koppar Carambola (stjärnfrukt) i tärningar (3/4 lb)
- ¼ kopp socker
- ½ kopp torrt rött vin
- 1 msk ingefära, skalad i fint tärningar
- ¼ tesked mald kryddnejlika
- 2 msk vitvinsvinäger

INSTRUKTIONER:
Blanda alla ingredienser i en måttlig kastrull och rör om väl. Koka upp på medelhög värme och låt koka i 25 minuter eller upp tills det tjocknar något.

88. Kusin ledas bananchutney

INGREDIENSER:

- 6 bananer
- 1 kopp finhackad lök
- 1 kopp russin
- 1 kopp finhackade syrliga äpplen
- 1 kopp äppelcidervinäger
- 2 koppar socker
- 1 matsked Salt
- 1 tsk mald ingefära
- 1 tsk Muskotnöt
- $\frac{1}{4}$ kopp Cayennepeppar
- ⅓ kopp citronsaft
- 3 vitlöksklyftor hackade

INSTRUKTIONER:

Skala och mosa bananerna. Blanda alla ingredienserna i en stor gryta. Grädda i 350° grill i ca 2 timmar, rör om då och då.
När det tjocknat, häll i steriliserade burkar och förslut.

89. Tranbärsfikonchutney

INGREDIENSER:
- 24 uns tranbär
- 3 koppar socker
- 2 måttliga apelsiner; oskalade tärnade och kärnade
- ½ kopp Finhackad lök
- ¼ kopp russin
- ¼ kopp rostade skalade pistagenötter
- 8 Torkade fikon
- 3 matskedar Fintärnad skalad ingefära
- 1 tsk salt
- 1 tsk kanel
- 1 tsk cayennepeppar
- 1 tsk torr senap

INSTRUKTIONER:
Koka alla ingredienser i en tung, stor nonaluminium-kastrull på medel -låg värme, rör om tills sockret löser sig. Öka värmen och koka upp tills tranbär poppar upp, cirka 3 minuter. Skeda chutney i ren het burk två tum från toppen Torka omedelbart rent fälgen med en handduk doppad i hett vatten. Lägg locket på burken och förslut tätt. replikera med återstående chutney. Ordna burkar i en stor gryta. Täck med lock med kokande vatten med minst 1 tum. Täck med lock och koka i 15 minuter.
Ta ut burkar från vattenbad. Kyl till rumstemperatur. Tryck på mitten av varje lock. Om locket hålls nere är burken förseglad.

90. Dadlar & apelsinchutney

INGREDIENSER:

- 1 pund obehandlade apelsiner
- 3½ koppar socker
- 7 matskedar gyllene sirap
- 2 msk Grovt salt
- ¼ tesked torkad chili, krossad
- 6¾ koppar maltvinäger
- 1 pund lök; tärnad
- 1 pund dadlar, stenade och tärnade
- 1 pund russin

INSTRUKTIONER:

Riv apelsinskalet och ställ åt sidan. Ta ut kärnan från apelsinerna och kassera kärnorna. Hacka apelsinköttet fint. Blanda socker, sirap, salt, chili och vinäger i en stor kastrull av rostfritt stål.

Koka upp på hög värme, rör om för att lösa upp sockret. Tillsätt apelsiner, lök, dadlar, russin och fraktionera det rivna skalet. Sänk värmen och låt sjuda tills det blir tjockt, cirka 1 timme. Rör ner det återstående apelsinskalet.

91. Färsk ananaschutney

INGREDIENSER:

- 1 Lg (6-7 lb) färsk ananas
- 1 matsked Salt
- ½ Lg vitlöksklyfta, mosad
- 1¾ koppar kärnfria russin
- 1¼ koppar ljust farinsocker
- 1 kopp cidervinäger
- 2 2 tums kanelstänger
- ¼ tesked mald kryddnejlika

INSTRUKTIONER:

Skala, segmentera och finhacka ananasen. Stänk på salt och låt vila 1½ timme. Töm.

Placera vitlöken och russinet genom en mathackare med det måttliga bladet. Lägg till ananasen.

Blanda socker, vinäger och kryddor i en kastrull och låt koka upp. Tillsätt fruktblandningen och låt koka på måttlig värme tills det tjocknat, ca 45 minuter. Häll upp i varma, steriliserade fraktionerade pingburkar och förslut på en gång.

92. Habanero äppelchutney

INGREDIENSER:
- 2 pund Matlagningsäpplen, skalade och tärnade små
- ¼ pint vegetabilisk olja (ej olivolja)
- 2 msk Fintärnad färsk ingefära
- 1 hel vitlök, skalad och finhackad
- 2 msk Vita senapsfrön
- 1 tsk bockhornsklöverfrön; blötlagda i varmt vatten, avrunna
- ½ tesked Hela svartpepparkorn
- 2 tsk malen spiskummin
- 2 tsk chilipulver
- 1 tsk Gurkmeja
- 4 uns socker
- 8 flytande uns cidervinäger
- 1 matsked Salt

INSTRUKTIONER:
Hetta upp oljan i pannan och fräs försiktigt vitlöken och ingefäran tills den börjar få färg, tillsätt sedan resten av kryddorna och koka ytterligare tre minuter. Tillsätt vinäger, äpplen, örter, socker och salt och låt sjuda i ca. bråkdel en timme tills du har en tjock, fruktig blandning Tanken är att äpplena ska sönderfalla helt.

Häll i varma steriliserade burkar, förslut genast med ättikatäta lock och försök att glömma det i cirka 2 månader. Sedan, njut! Det håller bra utan kylning.

93. Lime chutney

INGREDIENSER:

- 12 limefrukter
- 2 baljor vitlök
- 4 tums bitar av ingefära
- 8 gröna chili
- 1 msk chilipulver
- 12 matskedar socker
- 1 kopp vinäger

INSTRUKTIONER:

Rengör limefrukterna och skär i små bitar, ta bort kärnorna. Behåll eventuell limejuice som samlas medan du hackar. Segla vitlök, ingefära och chili fint. Blanda ihop alla ingredienser utom vinägern. Koka på låg värme tills blandningen är tjock Tillsätt vinägern och låt sjuda i 5 minuter Kyl och flaska Ät efter 3-4 veckor.

94. Lime-äppelchutney

INGREDIENSER:
- ¼ kopp färsk limejuice
- 1 matsked Salt
- 1 liten lök; mycket fint
- 1½ pund Syrliga gröna äpplen
- ¼ tesked röd chilipepparflingor
- 1½ tsk honung
- ¼ kopp strimlad osötad kokos

INSTRUKTIONER:
Blanda limejuice och salt i en icke-reaktiv skål och rör om tills saltet lösts upp.
Tillsätt lök, äpplen, pepparflingor, honung och kokos, rör om och täck sedan med lock och låt vila minst 10 minuter innan servering .

95.Nektarin chutney

INGREDIENSER:

- 1 kopp ljust farinsocker (förpackat)
- ½ kopp cidervinäger
- 4 nektariner, skalade och tärnade (upp till 5)
- 1 kopp russin
- 1 hel citron, skal av
- 1 hel citron, skalad, kärnad och tärnad
- 2 matskedar färsk ingefära, finhackad
- 1 stor vitlöksklyfta, finhackad
- ½ tsk currypulver
- ¼ tesked Cayenne

INSTRUKTIONER:

I en måttlig , icke-reaktiv kastrull, koka vinäger och farinsocker på måttlig värme, rör om för att lösa upp sockret. Koka upp. Tillsätt resterande ingredienser.
Koka i 3 till 5 minuter. Ta ut från värmen och kyl. Kyl 2 veckor eller burk Servera med fågel, fläsk eller skinka.

96. Lökchutney

INGREDIENSER:

- 6 koppar Tärnad söt lök
- ½ kopp färsk citronsaft
- 2 tsk Helt spiskummin
- 1 tsk Helt senapsfrö
- ½ tsk Tabascosås
- ¼ tesked röd paprikaflingor
- 2 tsk malen chilipeppar
- ¼ kopp ljust farinsocker
- 1 st Salt efter smak

INSTRUKTIONER:

Blanda alla ingredienser i en tjock kastrull på måttlig värme. Låt koka upp, rör om ofta. När blandningen kokar, ta genast ut från värmen och packa i varma steriliserade burkar. Vakuumförslut

97. Snabb persikochutney

INGREDIENSER:

- 2 burkar Segmenterad persika i juice; (16 oz) reservjuice
- $\frac{1}{4}$ kopp Plus 1 matsked vitvinsvinäger
- $\frac{1}{4}$ kopp socker
- $\frac{1}{2}$ kopp lök; fint tärnad
- 1 liten Jalapeno, skaftad, kärnad, fint tärnad
- $\frac{1}{2}$ tsk malen spiskummin
- $\frac{1}{4}$ tesked Gurkmeja
- $\frac{1}{4}$ tesked mald kanel
- ⅓ kopp gyllene russin

INSTRUKTIONER:

a) Blanda vinäger, socker, lök och jalapeno i en medelstor kastrull utan aluminium. Rör om på medelhög värme i 3 minuter.

b) Bearbeta den avrunna persikan till en grov puré i en matberedare. Lägg i kastrullen med $\frac{1}{4}$ kopp reserverad persikojuice, spiskummin, gurkmeja, kanel och russin.

c) Koka upp, minska värmen och låt sjuda i 20 minuter, rör ofta.

d) Flytta chutneyn till ett fat Servera varmt eller rumstemperatur.

98. Rabarberchutney

INGREDIENSER:

- 1 pund rabarber
- 2 tsk Grovriven färsk ingefära
- 2 vitlöksklyftor
- 1 Jalapeno chile, (eller fler) frön och vener Ta ut
- 1 tsk paprika
- 1 msk Svarta senapsfrön
- ¼ kopp vinbär
- 1 kopp ljust farinsocker
- 1½ koppar lätt vinäger

INSTRUKTIONER:

TVÄTTA RABARBERN OCH SEGMENTERA i bitar ¼-tums tjocka. Om stjälkarna är breda, skär dem i halvor eller tredjedelar på längden, först. Finhacka den rivna ingefäran med vitlök och chili. Placera alla ingredienser i en icke-frätande panna, ta med koka upp, sänk sedan värmen och låt sjuda upp tills rabarbern bryts ner och är konsistensen av en sylt, ca 30 min. Förvaras kylt i en glasburk.

99.Rökt äppelchutney

INGREDIENSER:

- 4 pund Granny Smith äpple, skalat och segmenterat
- 1 stor röd eller grön paprika, kärnad och tärnad
- 2 stora gula lökar, tärnade
- 1 stor vitlöksklyfta, finhackad
- 1 2" bit färsk ingefära, tunt segmenterad
- 2 msk Gult senapsfrö
- ½ kopp cidervinäger
- ¼ kopp vatten
- 1 kopp farinsocker, packat
- ¾ kopp russin eller strömmar

INSTRUKTIONER:

Blanda alla ingredienser i grytan.
Rör om för att blanda. Placera på den övre delen av rökaren. Täck med lock rökare och rök 4 till 5 timmar, rör om chutney då och då. Tillsätt mer vatten om det behövs. Eventuella rester kan förvaras i lock med lock ed burkar i kylskåp i flera veckor.

100.Zucchini chutney

INGREDIENSER:
- 3 måttliga s Zucchini
- 1 lök
- ½ tesked Hing
- ½ tesked Tamcon
- 2 gröna chili

INSTRUKTIONER:
Stek skuren zucchini, lök och grön chili. Tillsätt gurkmeja, salt, koka på svag värme i 5 till 10 minuter. Koka tamcon, tillsätt till blandningen ovan.
Pulverisera det hela i mixern.

SLUTSATS

Vi har nått slutet av "MASTER BBQ-SÅSER:EN SMAKRIK GUIDE TILL HEMGJORDA KRYDDOR" Vi hoppas att den här kokboken har inspirerat dig att utforska den otroliga världen av BBQ-såser och experimentera med smaker som kommer att hetsa din smak. Från klassiska favoriter till innovativa skapelser, vi har tillhandahållit en mängd olika recept som passar alla smaker.

Kom ihåg att skönheten med hemgjorda BBQ-såser ligger i deras mångsidighet. Justera gärna ingredienserna och justera kryddnivåerna för att matcha dina preferenser. Experimentera med olika kombinationer av smaker och låt din kreativitet lysa när du tillverkar dina egna unika såser.

Oavsett om du häller det på grillat kött, använder det som en marinad eller lägger till det i dina favoritrecept, kommer dessa såser att lägga till den där extra smaken som kommer att göra dina rätter minnesvärda.

Tack för att du följde med oss på denna smakrika resa. Vi hoppas att "Mastering BBQ Sauces" har gett dig möjlighet att skapa sensationella smaktillsatser som förhöjer dina kulinariska äventyr och ger glädje till varje måltid. Gå nu, elda upp grillen och njut av läckerheten i dina hemgjorda BBQ-såser. Glad sås!

www.ingramcontent.com/pod-product-compliance
Lightning Source LLC
Chambersburg PA
CBHW070420120526
44590CB00014B/1472